Lettering a ARTE da escrita

UM GUIA PASSO A PASSO

O lettering é a arte encantadora de dar vida às palavras. É desenhar cada letra com cuidado e delicadeza, criando uma dança graciosa entre a caligrafia e o desenho. Cada traço, curva e ornamento são pensados com amor, transformando simples palavras em obras de arte únicas e inspiradoras. O lettering nos permite expressar nossa criatividade mais profunda, enchendo o papel de cor, alma e personalidade. É um convite para mergulhar em um universo onde a escrita ganha asas e se transforma em uma obra encantadora!

Dê o seu toque pessoal neste livro inspirador!

Este livro está dividido entre fundamentos básicos do lettering e exercícios com passo a passo para o desenvolvimento desta bela arte, além de apresentar vários estilos de fontes, ornamentos e florais para você se inspirar em suas criações.

No mundo do lettering não há um jeito único ou errado de se fazer, por isso use sua imaginação e criatividade para criar novas ideias com o traço único de sua personalidade.

Uma dica preciosa:

Todo início é permeado por desafios, e é nesse momento que floresce a oportunidade de crescimento e aperfeiçoamento. A prática é a chama que ilumina o caminho rumo à perfeição. Lembre-se sempre de dar um passo de cada vez. Como uma borboleta saindo de seu casulo, é necessário paciência, dedicação e persistência para ver as habilidades se desabrocharem. Cada esforço sincero é um passo em direção à maestria, treine sempre que puder e guarde todas as suas tentativas de lettering com carinho. No final dessa jornada, você notará a evolução de cada arte desenvolvida.

"A perfeição revela-se como um reflexo brilhante da paciência, treino constante, dedicação e a delicadeza de um coração comprometido".

Materiais

Cada atividade neste livro foi selecionada com carinho, buscando utilizar materiais simples e acessíveis, que podem ser encontrados facilmente em casa ou em qualquer papelaria. Além disso, você poderá utilizar outros materiais que lhe agradem, podendo trazer resultados ainda mais fascinantes às suas criações. Permita que sua imaginação voe livremente e desfrute desse momento de inspiração.

Canetas e marcadores coloridos

Marcadores de texto, hidrocor, aquarelável, metálico e canetas de ponta fina ou grossa, se possível a caneta "Brush Pen", que é uma ótima aliada para a caligrafia.

Lápis grafite e apontador

Esta é a sua ferramenta para esboços, mantenha-o sempre com a ponta afiada.

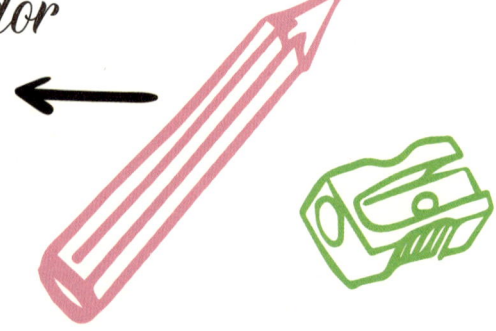

Borracha
Para possíveis erros.

Régua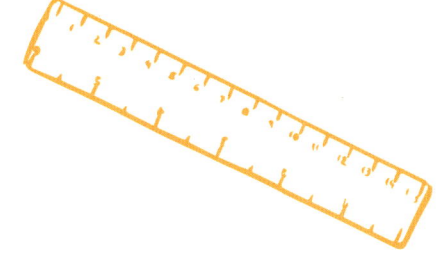
Para manter o alinhamento
e a harmonia das suas artes.

*Lápis de cor e
canetinhas coloridas*
Itens essenciais para
dar vida e imaginação
ao seu lettering.

*Tudo pronto?
Vamos lá!*

Para começar

Ter firmeza nas mãos é essencial para criar uma arte encantadora e delicada. Aperfeiçoar seu traço requer prática e dedicação. Com o intuito de ajudar nesse processo, apresentamos nas páginas seguintes alguns exercícios que ajudam a desenvolver a musculatura dos dedos e a coordenação motora, proporcionando traços mais firmes e precisos. Trace as linhas e continue o traçado até o final de cada linha.

Sabia que existe muuuitos estilos diferentes no lettering?

Cada estilo de fonte transmite uma sensação, por isso é necessário conhecer um pouco desse universo para garantir que se passe a mensagem correta ao leitor. Por meio do estilo é possível despertar diversos sentimentos: alegria, tristeza, medo, seriedade...

É possível também misturar fontes de acordo com as palavras que você queira destacar, mas atenção, escolha combinar no máximo três para que sua arte não fique muito "pesada". Além disso a mistura deve criar um conjunto harmonioso.

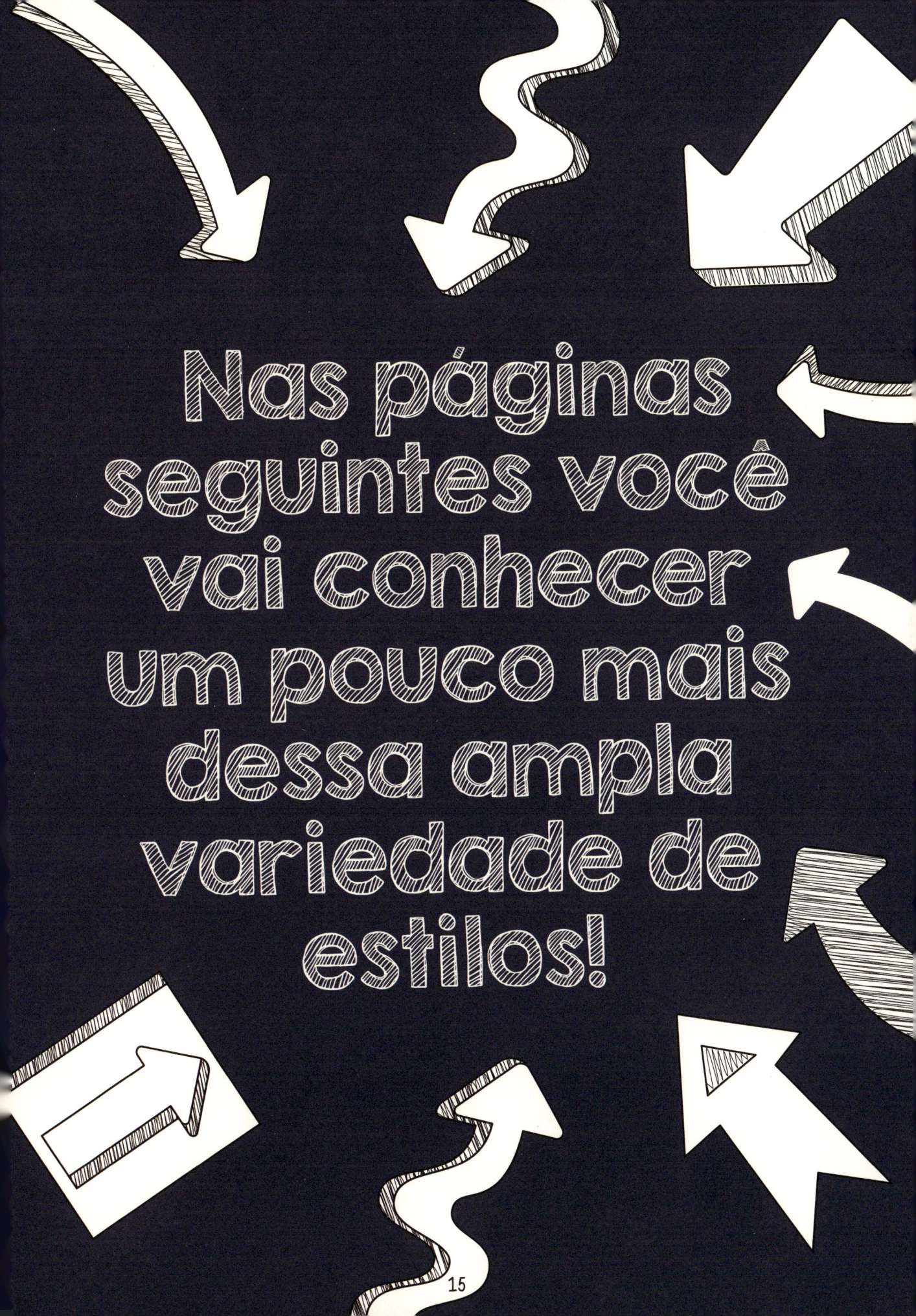

Estilos de letras

Sem serifa | Linhas limpas e equilibradas são usadas para imprimir simplicidade e modernidade. Têm boa legibilidade e são muito usadas em designs minimalistas.

ABCDEFGHIJKLMN
OPQRSTUVWXYZ

abcdefghijklmno
pqrstuvwxyz

Blocada | Letras vazadas, que podem ser trabalhadas com sombras, pinturas ou sem pinturas. Elas são divertidas e dinâmicas.

ABCDEFGHIJKLMN
OPQRSTUVWXYZ

abcdefghijklm
nopqrstuvwxyz

Cursiva

As letras das palavras são ligadas umas às outras, o que permite que a palavra inteira seja escrita com um único traço. Elas são românticas e delicadas.

A B C D E F G H I J K L M
N O P Q R S T U V W X Y Z

a b c d e f g h i j k l m n o p q
r s t u v w x y z

Com serifa

As serifas são os pequenos traços e prolongamentos que ocorrem no fim das hastes das letras. Elas trazem um ar mais formal e profissional.

A B C D E F G H I J K L M
N O P Q R S T U V W X Y Z

a b c d e f g h i j k l m n o p
q r s t u v w x y z

Existe uma enorme variedade de estilos, veja mais alguns abaixo:

3D GRANDE EM NEGRITO

FANTASIA

DISTORCIDA

DECORATIVA

Medieval

Retrô

Use a CRIATIVIDADE!

A seguir encontre uma seleção de estilos para estimular sua criatividade. Você terá um espaço para recriá-los e dar o seu toque pessoal a eles

PRATIQUE OS MESMOS ESTILOS NAS
OUTRAS 25 LETRAS DO ALFABETO.

SUA VEZ!

SUA VEZ!

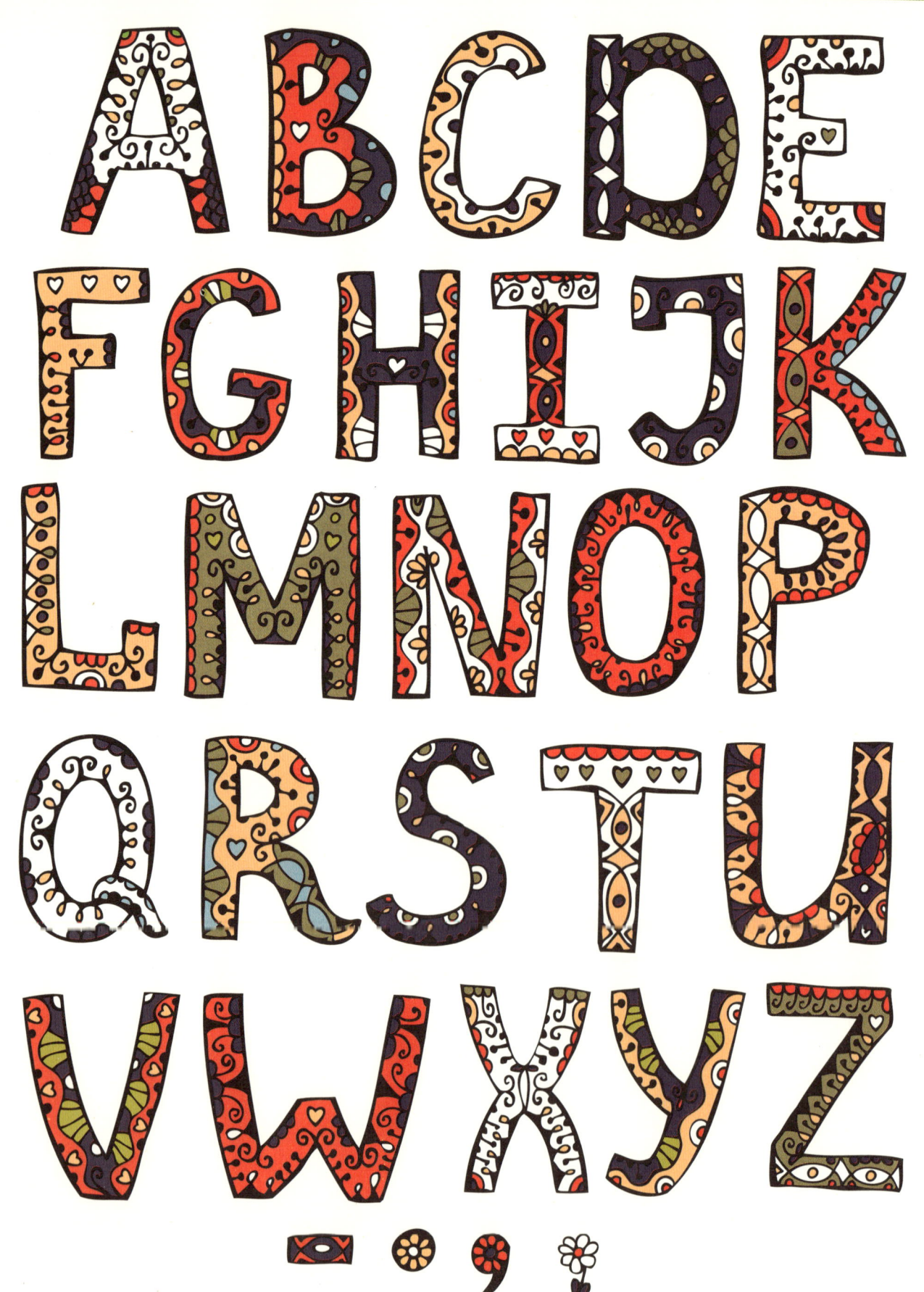

SUA VEZ!

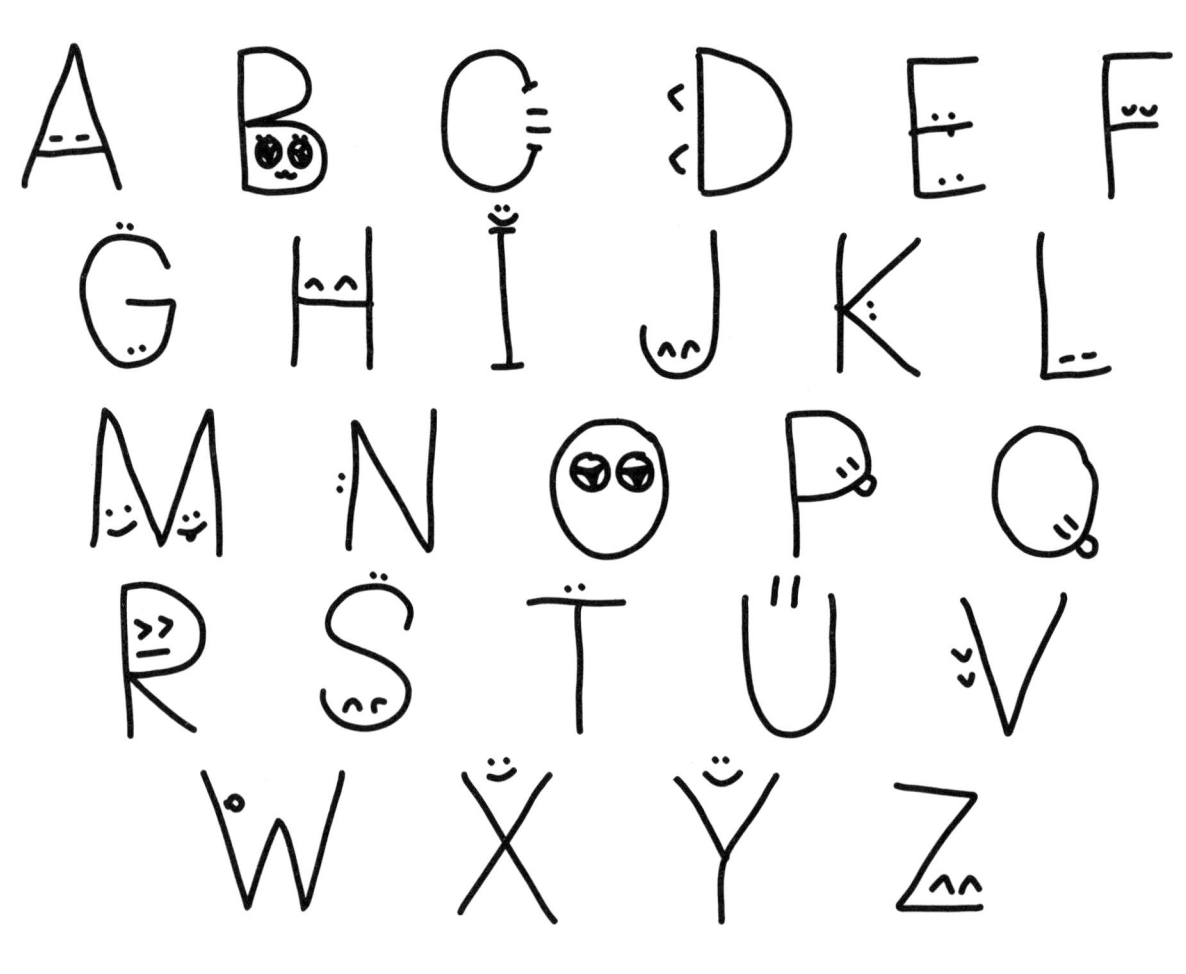

SUA VEZ!

TREINE O QUE APRENDEU ATÉ AQUI!

ESPESSURA DOS *traços*

No lettering existe uma técnica muito comum cuja principal característica é a variação na espessura dos traços. Essa técnica é conhecida como "caligrafia falsa" e nada mais é do que uma imitação da caligrafia clássica.

Uma das maneiras de aplicar essa técnica é usando um marca texto, que possui uma ponta em forma de cunha. Usaremos essa característica para criar o efeito de forma rápida e fácil.

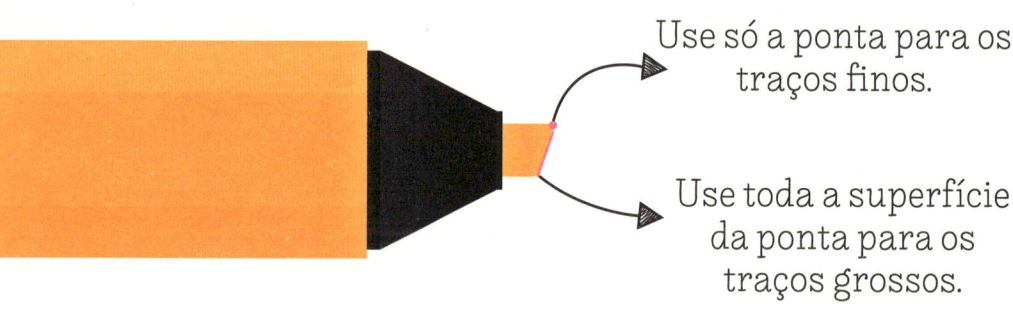

Use só a ponta para os traços finos.

Use toda a superfície da ponta para os traços grossos.

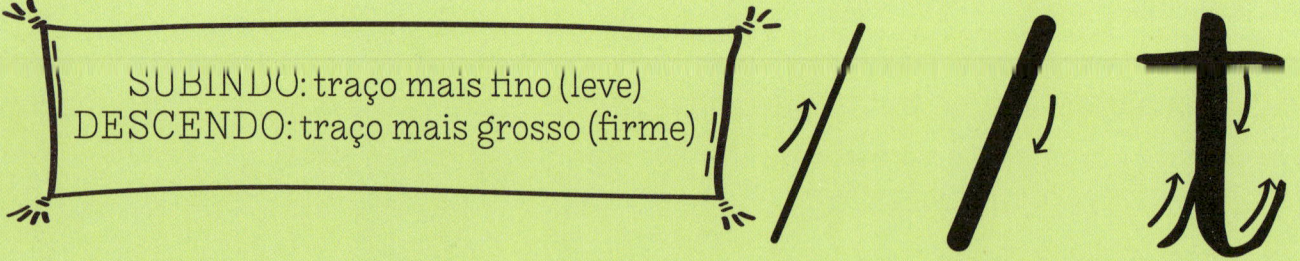

SUBINDO: traço mais fino (leve)
DESCENDO: traço mais grosso (firme)

Exemplo:

GROSSO
• desce •

olá

FINO
• sobe •

Siga sempre essas regras para ter exatidão nessa técnica.

TREINE COM UM MARCA TEXTO PASSANDO POR CIMA DOS PRÓXIMOS PADRÕES.

DESENHANDO LETRAS

Outra maneira de fazer a "caligrafia falsa" é realmente desenhando as letras. Veja o passo a passo abaixo:

1 Com uma caneta de ponta fina faça a letra normalmente.

2 Em todas as linhas que descem, faça um pontilhado no lado direito.

3 Com a mesma caneta, pinte dentro do pontilhado.

Veja o exemplo abaixo:

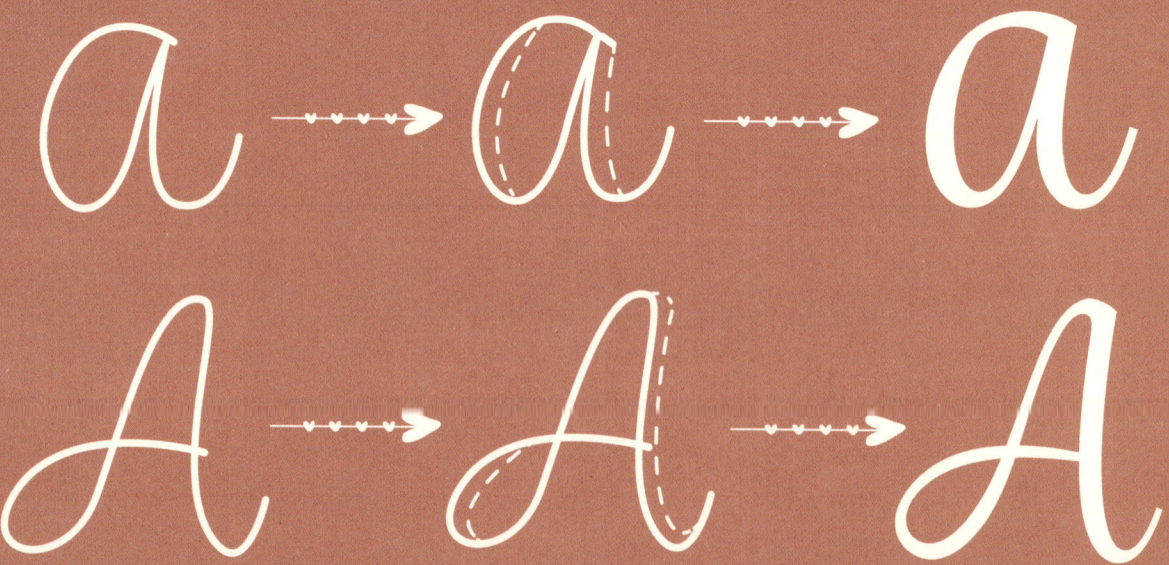

Faça os exercícios das páginas seguintes usando a técnica com a qual você mais se identificou, usando marcador ou desenhando as letras conforme ensinado.

A

B

C

a

b

c

Treine uma palavra abaixo:

𝒟

ℰ

ℱ

𝒹

ℯ

𝒻

g

H

J

g

h

i

J

K

L

j

k

l

m

n

o

m

n

o

Treine uma palavra abaixo:

P

Q

R

p

q

r

S

T

U

s

t

u

v

w

x

v

w

x

Y

Z

y

z

Parabéns!! Você está
se saindo muito bem!

Monte sua arte nestas páginas!

Treinando palavras!

Treine as palavras escrevendo-as até o final de cada linha.
Tente também reproduzir a mesma fonte do exemplo.

Amor

Gratidão

Esperança

Liberdade

Amigos

Paz

Justiça

Use esta página para treinar livremente outras palavras com as fontes que lhe inspiram.

Estilo Vintage
Você sabe que é?

Vintage significa algo clássico e antigo. É um estilo que é relacionado, principalmente, às décadas de 1920 a 1960. Nas próximas páginas, você aprenderá como desenhar letras trabalhadas, além de floreios e molduras que complementarão o seu design.

A régua será a sua melhor amiga!

Trace linhas para o seu design ficar harmonioso.

Desenhando fontes vintage

As fontes das próximas páginas têm como característica principal o formato mais largo. Elas necessitam de um pouco mais de cuidado e o uso de régua para que fiquem alinhadas e padronizadas.

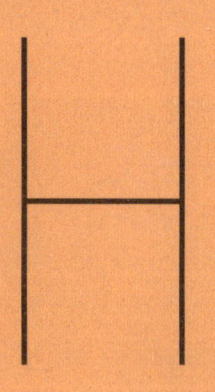

1 Com um lápis, comece traçando as linhas básicas da letra.

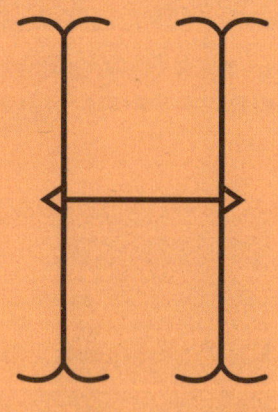

2 Em traços simples, faça os detalhes que caracterizam a letra que você tem em mente.

3 Agora contorne ao redor da letra de acordo com a largura que você quer que ela tenha, depois é apagar o esboço de dentro e colorir.

Mas não se preocupe, com um pouco de treino você estará fazendo elas como num passe de mágica!

Treine aqui as outras letras do alfabeto usando as características da letra ao lado.

VAMOS PRATICAR!

Use o espaço em branco para reproduzir a fonte abaixo usando o que você aprendeu até aqui.

A B C D E
F G H I J K
L M N O P
Q R S T U
V W X Y Z

SUA VEZ!

VAMOS PRATICAR!

Use o espaço em branco para reproduzir a fonte abaixo usando o que você aprendeu até aqui.

ABCDE
FGHIJK
LMNOP
QRSTU
VWXYZ

SUA VEZ!

VAMOS PRATICAR!

Use o espaço em branco para reproduzir a fonte abaixo usando o que você aprendeu até aqui.

ABCDE
FGHIJK
LMNOP
QRSTU
VWXYZ

SUA VEZ!

VAMOS PRATICAR!

Use o espaço em branco para reproduzir a fonte abaixo usando o que você aprendeu até aqui.

A B C D E F
G H I J K L
M N O P Q
R S T U V
W X Y Z

SUA VEZ!

VAMOS PRATICAR!

Use o espaço em branco para reproduzir a fonte abaixo usando o que você aprendeu até aqui.

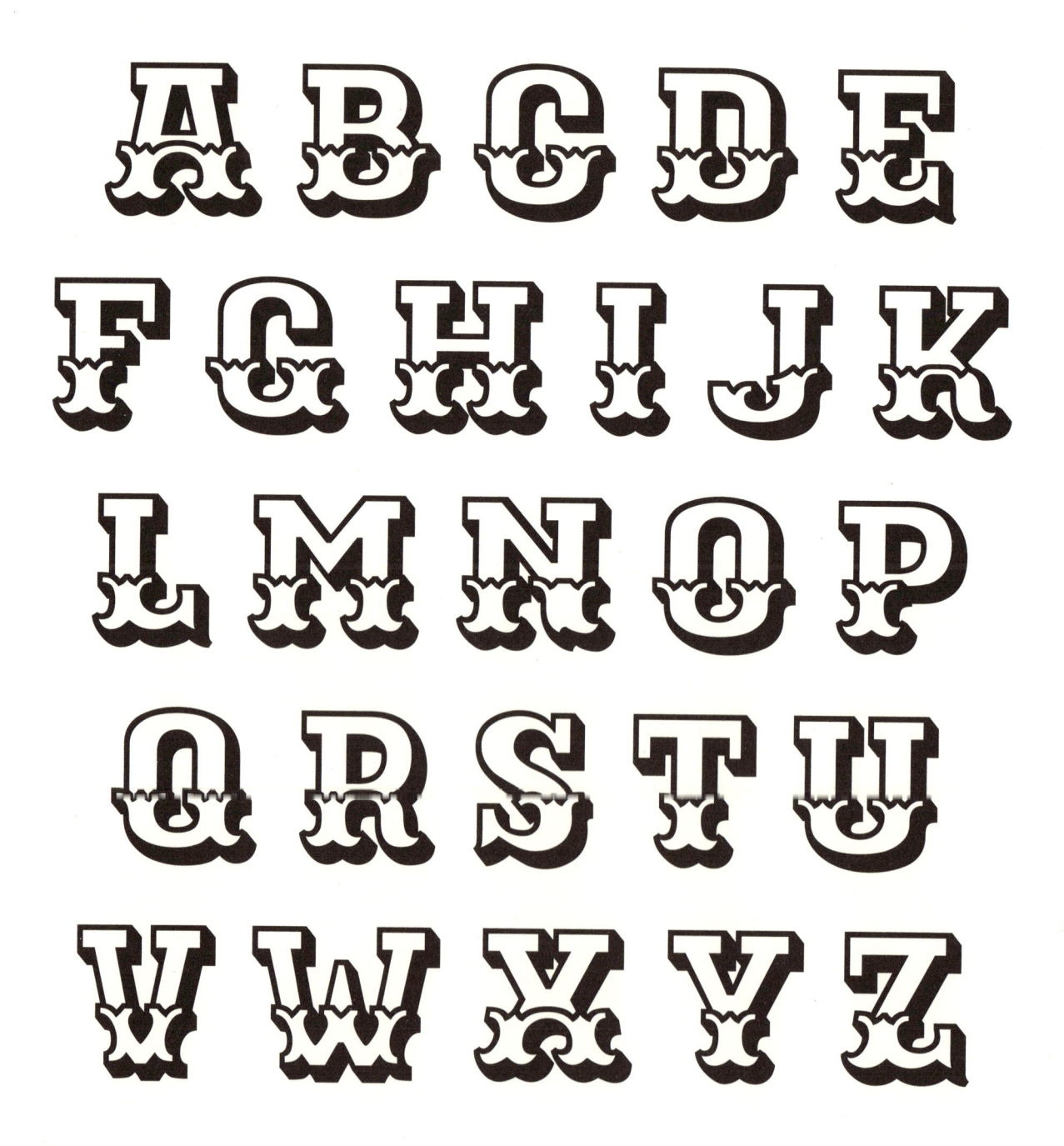

A B C D E
F G H I J K
L M N O P
Q R S T U
V W X Y Z

SUA VEZ!

Luz e SOMBRA

A luz e a sombra desempenham um papel importante na criação do lettering, fazendo com que as letras pareçam saltar da página e ganhem uma sensação de realismo.

Ao decidir de onde a luz está vindo, você pode determinar quais partes das letras serão iluminadas e quais ficarão na sombra.
Ao adicionar sombras, é necessário considerar a direção da luz e garantir que elas estejam coerentes em todo o projeto de lettering.

Através da combinação adequada de luz e sombra, é possível dar vida e impacto às suas composições, tornando-as verdadeiras obras de arte.

Sombra

Antes de fazer as sombras tenha sempre em mente de onde está vindo a fonte de luz, a sombra ficará sempre no lado contrário. Observe o exemplo abaixo:

SOMBRA
SOMBRA
SOMBRA
SOMBRA

Luz

As luzes ficarão no oposto das sombras, ou seja, no mesmo lado onde está projetada a fonte de luz.

SOMBRA

SOMBRA

SOMBRA

SOMBRA

Sombra

Existem várias formas de fazer sombras, observe algumas ideias abaixo:

Traço simples

abcdefg

Opte por canetas de ponta fina

Traço separado

ABCDEFG

Você pode criar contraste, variando as cores.

3d listrado

ABCDEFG

Se necessário use uma régua.

Básico mais claro

ABCDEFG

Utilize marcadores para este.

Luz

Para fazer as luzes, você pode optar usar caneta branca ou até corretivo líquido e um palitinho para desenhar. Veja abaixo algumas ideias para se inspirar.

Romântico — abcdefg

Simples — ABCDEFG

Exagerado — ABCDEFG

Pontilhado — ABCDEFG

No caso de letras pintadas com lápis de cor, você pode utilizar uma borracha para "apagar" nos lugares de luz. → A → A

Luz e sombra vintage

Também é possível criar efeitos de luz e sombra no estilo vintage. Veja aqui algumas ideias:

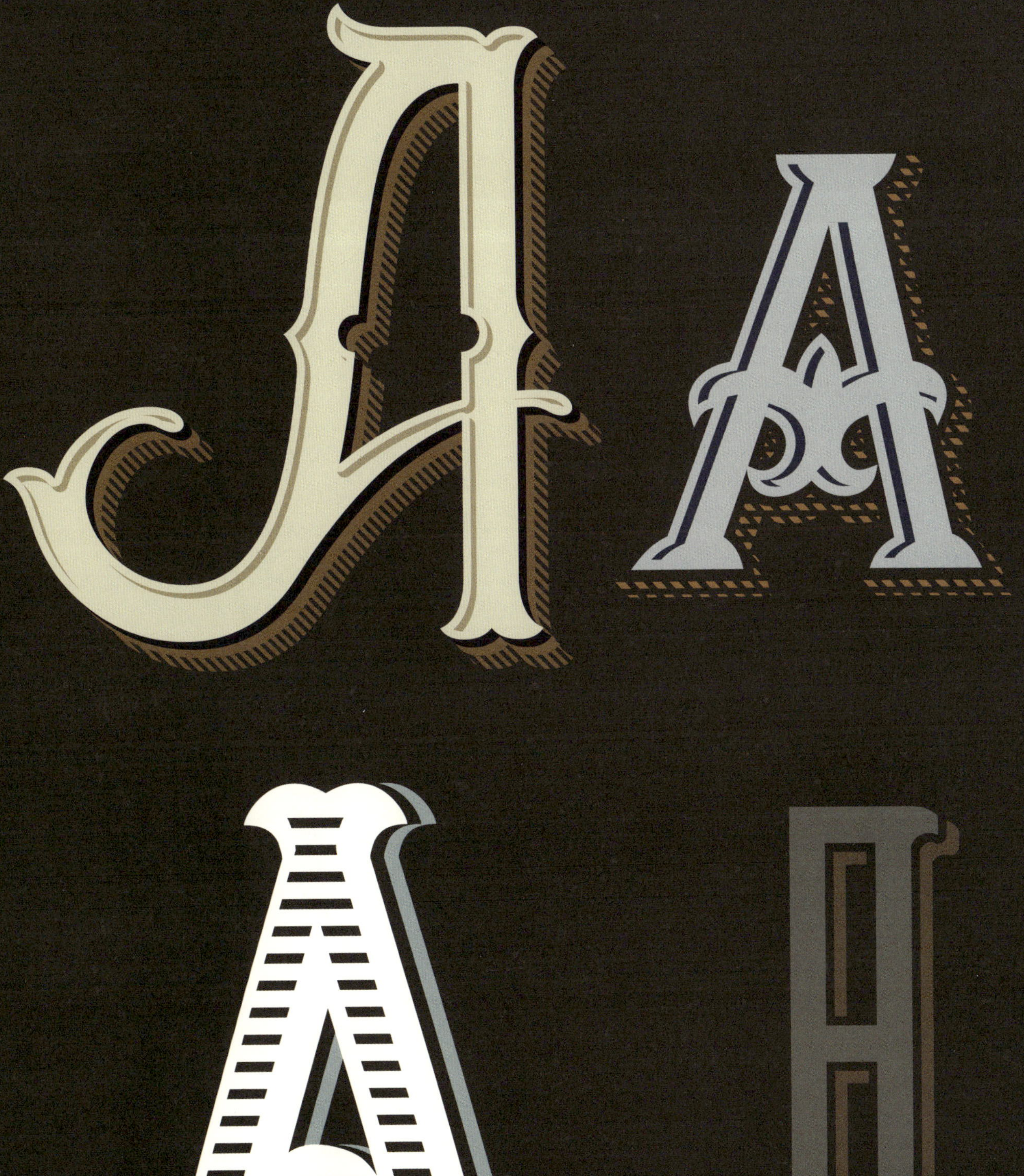

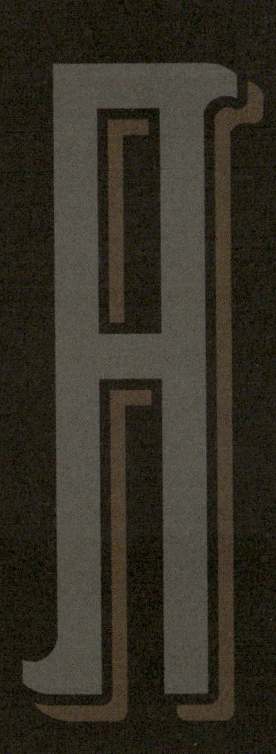

Vamos treinar!

Use sua criatividade para criar alguns
efeitos legais nas fontes destas páginas.

ABCD&FG

ABCDEFG

abcdefg

ABCDEFG

ABCDEFG

ABCDEFG

abcdefg

ABCDEFG

ABCDEFG

Ligaduras

São linhas que conectam as letras e tornam a arte mais limpa e bonita visualmente.

tt → Pode ser usada para unir letras vizinhas.

Lettering

atento → Ou até mesmo para unir letras, que não sejam vizinhas.

Floreios

Os floreios são muito importantes no lettering. Eles podem existir sozinhos, aparecer no começo ou no fim de uma letra e até fazer interligações dentro da frase.

Jardim

Veja algumas ideias:

Floreios vintage

Veja mais algumas ideias para utilizar no estilo vintage:

74

Treine os floreios até o final de cada linha seguindo os exemplos.

Treine os floreios até o final de
cada linha seguindo os exemplos.

Treine os floreios até o final de cada linha seguindo os exemplos.

Treine os floreios até o final de
cada linha seguindo os exemplos.

Treine os floreios até o final de cada linha seguindo os exemplos.

Treine os floreios até o final de
cada linha seguindo os exemplos.

Treine os floreios até o final de
cada linha seguindo os exemplos.

Agora que conheceu as ligaduras e os floreios use esta página para testá-los em palavras. Abuse de sua criatividade!

Além da caligrafia

Existem outros elementos fundamentais para a caligrafia, que ajudam a transformar o texto em obra de arte. Você vai conhecer alguns elementos para praticar e se inspirar.

Guirlandas

85

Coroas de louros

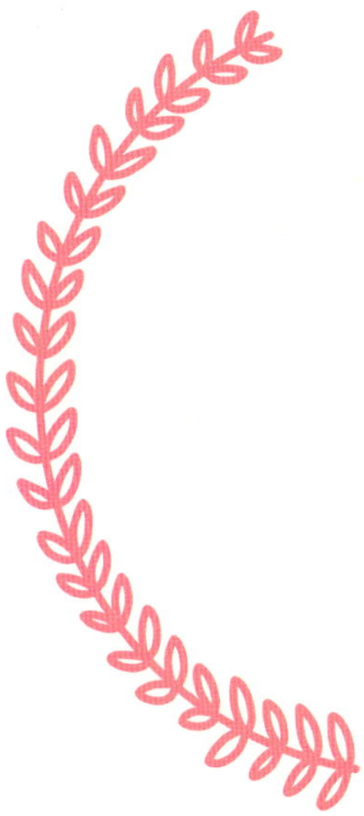

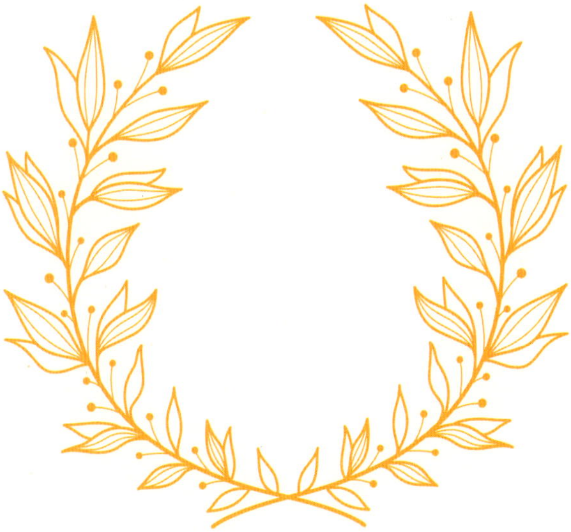
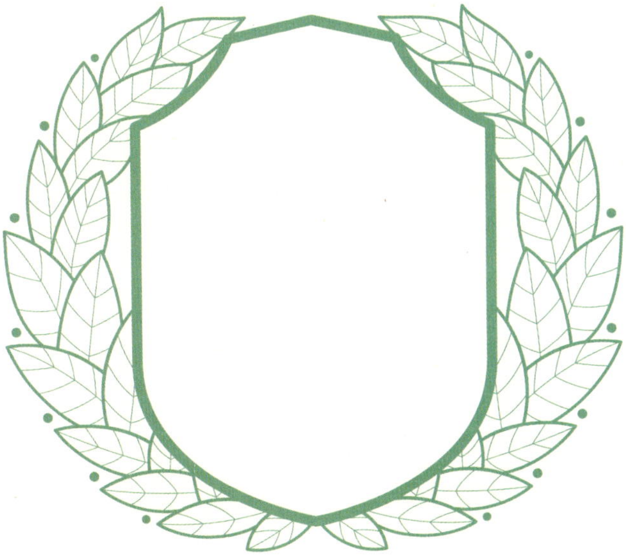

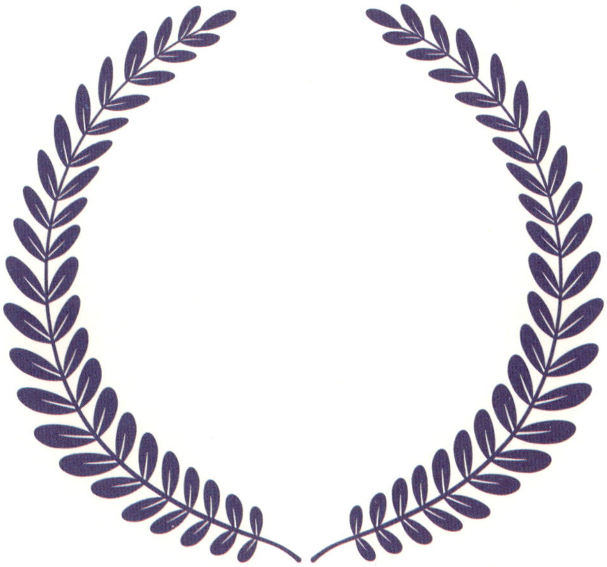

Ramos & DIVISORES DE TEXTO

88

89

Flâmulas

91

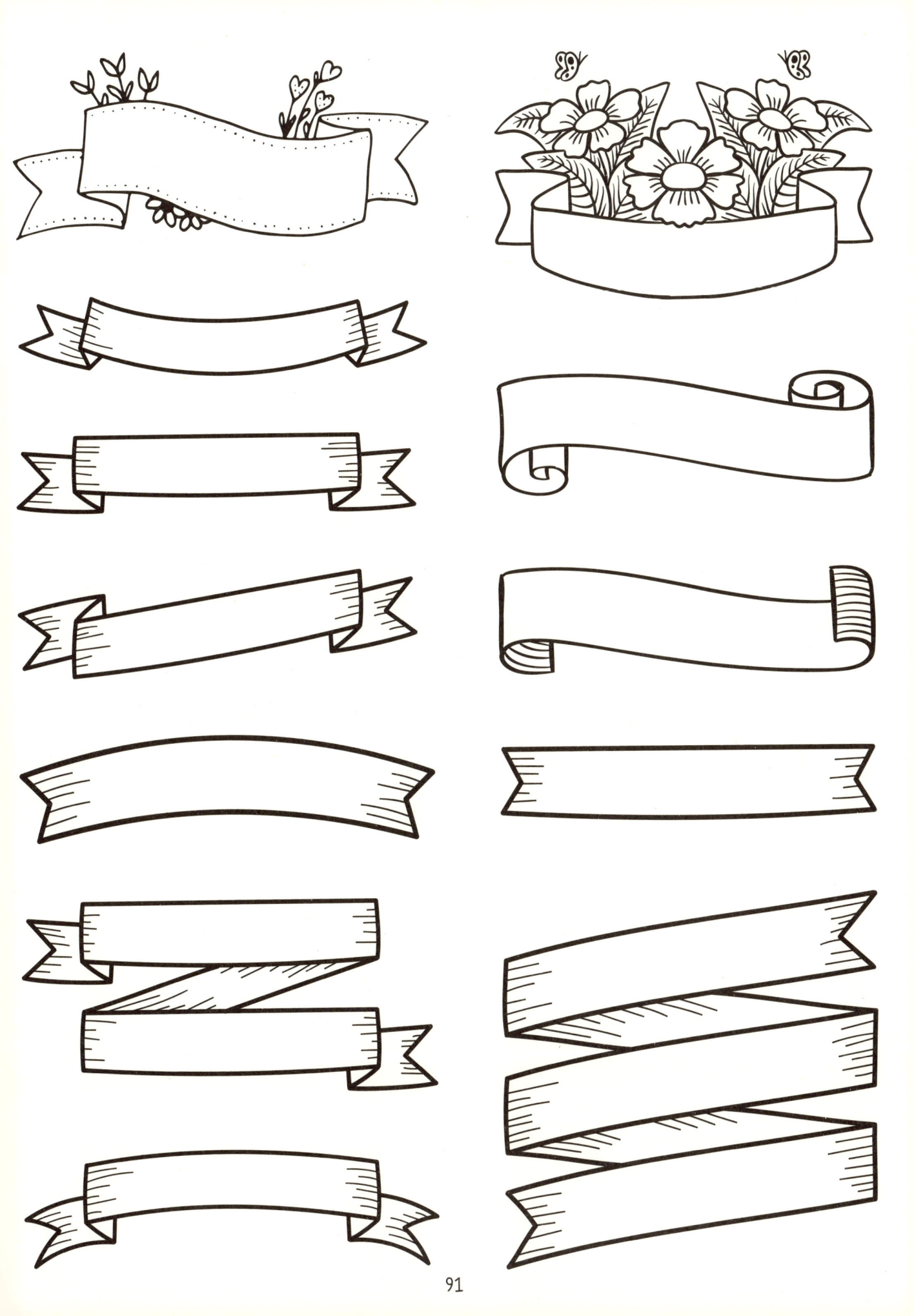

Molduras

Modelos de fitas para bordas:

Veja algumas ideias para se inspirar:

95

Descubra

A MAGIA

QUE EXISTE DENTRO DE *Você!*

Chegamos ao fim desta jornada incrível de aprendizado e descoberta. Ao longo deste livro de lettering, exploramos a arte de transformar palavras em obras de arte.

A partir de agora, não existem limites ou regras pré-estabelecidas. Deixe a sua mente voar e permita que cada traço seja uma manifestação única do seu mundo interior. Deixe a imaginação fluir, como um rio que segue seu próprio curso.

Explore o poder das cores, das sombras e das formas. Permita-se errar, aprender com cada traço e evoluir a cada desenho.

Mas o aprendizado não acaba por aqui. As próximas páginas são dedicadas a algo ainda mais poderoso e ilimitado: a sua própria imaginação. Ela é a chave para desvendar novos horizontes e desenhar com a liberdade e a delicadeza que só você possui. Inspire-se nas artes propostas para criar sua própria identidade.

Stay POSITIVE

Stay POSITIVE

TODAY IS THE DAY

Today is The Day

thankful GRATEFUL AND blessed

Treine reproduzindo a mesma arte abaixo:

CHOOSE kindness

Treine reproduzindo a mesma arte abaixo:

Nunca desista dos seus Sonhos

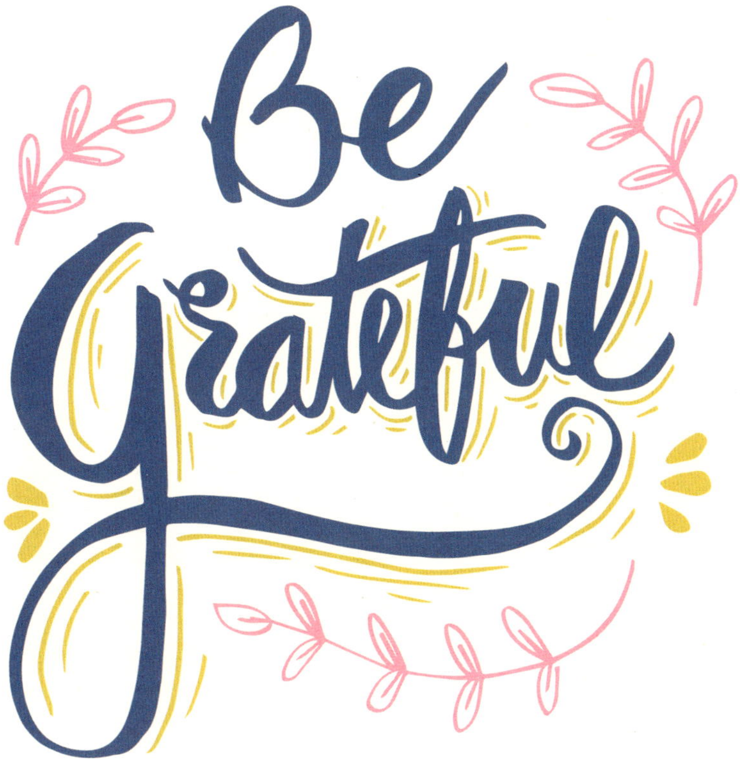
Be
Grateful

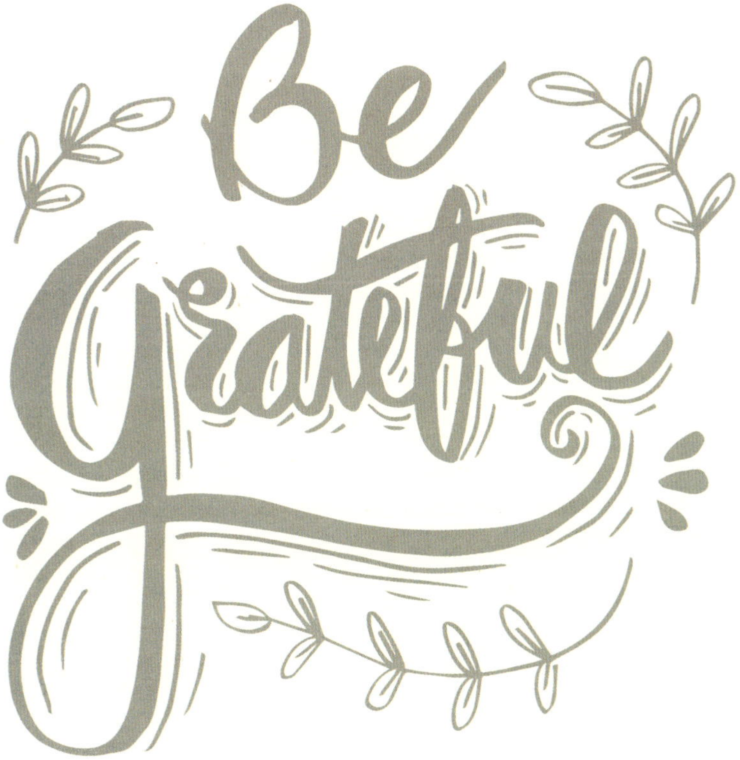
Be
Grateful

Faça o bem

O que é FEITO com amor é bem feito

Vamos praticar!

LAR DOCE LAR

O MAR CURA TUDO

Vamos praticar!

think
positive

A VIDA
é BELA

Vamos praticar!

Siga seus sonhos

Vamos praticar!

VIVER

SIGNIFICA

LUTAR

Vamos praticar!

FOCO NAS COISAS BOAS

Vamos praticar!

Use as próximas páginas para praticar o seu próprio lettering.